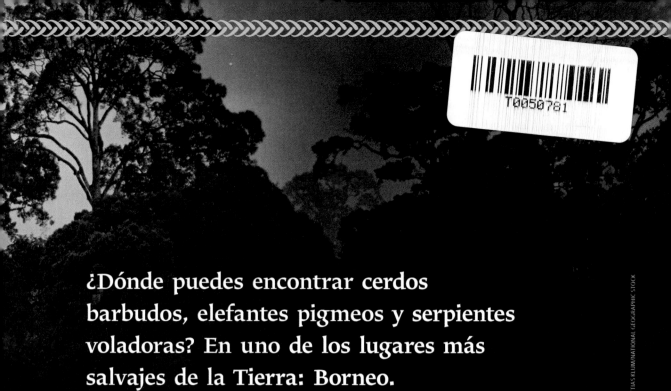

¿Dónde puedes encontrar cerdos barbudos, elefantes pigmeos y serpientes voladoras? En uno de los lugares más salvajes de la Tierra: Borneo.

Cálao rinoceronte

Mattias Klum se arrastra por el suelo de la selva. Justo frente a él, una enorme cobra real levanta la cabeza y despliega su caperuza. Se balancea y mira a Klum.

La serpiente venenosa más grande del mundo abre la boca. Silba y gruñe como un perro furioso. La lengua de la serpiente cuelga como una corbata.

Klum se levanta lentamente y retrocede. En un instante, la serpiente se sumerge nuevamente en la densa selva tropical de Borneo y desaparece. Para Klum, este extraño vistazo de una cobra real salvaje lo dice todo sobre Borneo.

El fotógrafo sueco visitó esta isla del sudeste asiático por primera vez hace veinticuatro años. "Soñé que Borneo sería extraordinaria en todos los sentidos", afirma Klum. "Y así fue".

La rica selva tropical

Klum descubrió selvas tropicales exuberantes, húmedos cenagales y montañas rocosas. En algunos lugares, las copas de los árboles parecían rozar las nubes. Divisó orangutanes peludos que saltaban de rama en rama. Los pájaros trinaban y los insectos zumbaban. Klum se encontró frente a frente con algunas de las criaturas más salvajes del mundo. Vio serpientes voladoras, cerdos barbudos, elefantes pigmeos y más.

Klum había descubierto uno de los lugares más **biodiversos** de la Tierra. En Borneo viven más de 1500 clases de animales, y esto es sin contar los insectos. ¡Los científicos han descubierto más de 1000 especies de insectos en un solo árbol!

Además, alrededor de 15.000 tipos de plantas crecen en Borneo. Algunas son carnívoras. Atraen a los insectos y a los animales pequeños a una trampa llena de líquido. Luego digieren lentamente su comida.

Mordida fatal *La venenosa cobra real puede matar a un elefante con una sola mordida.*

EDICIÓN PATHFINDER

Por Robyn Raymer y Dan Pine

CONTENIDO

¡UNA VIDA SALVAJE!

Por Robyn Raymer y Dan Pine

Tarsero fantasma

Rana voladora de Wallace

Relatando la historia de Borneo

Cada año, los científicos descubren alrededor de treinta plantas y animales nuevos en Borneo. Un reciente descubrimiento es un bagre con el vientre pegajoso. Muchas criaturas aún no han recibido un nombre.

Klum toma una fotografía de una lagartija con una protuberancia con forma de hoja en la nariz. ¿Qué clase de lagartija es esta? Nadie está seguro. Borneo es un lugar donde es posible encontrar cosas que pocas personas han visto antes, afirma Klum.

La sed de aventuras hace que Klum regrese a Borneo una y otra vez. Hasta ahora, ha viajado hasta allí más de cuarenta veces. Una vez allí, llega hasta lo extremo para descubrir y fotografíar la vida salvaje de Borneo.

Cuelga en el aire en un globo de aire caliente. Se sienta en ramas a 61 metros (200 pies) de altura. Atraviesa aguas infestadas de sanguijuelas.

¿Por qué? Klum quiere compartir el Borneo que ama. Sus fotografías describen una historia increíble.

Planta hambrienta *La planta carnívora de Low come insectos, ranas e incluso ratas.*

Con un ojo en el cielo *Para fotografiar la selva tropical, Mattias Klum se balancea desde un globo de aire caliente.*

Tímido frente a la cámara *Klum caminó por el lodo y siguió senderos desgastados para descubrir al tímido cerdo barbudo.*

Animales increíbles

La búsqueda de Klum lo lleva a muchos lugares fascinantes de Borneo. Un día, navega en una canoa hasta un manglar y exclama: «¡Eeooo! ¡Eeooo! ¡Eeooo!» Unas voces responden: ¡Eeooo! ¡Eeooo! Provienen de uno de los primates más extraños de Borneo, el mono narigudo o mono proboscis.

Las bandadas de monos proboscis se encuentran únicamente en los manglares de Borneo. "Proboscis" significa "nariz". Los monos machos tienen la nariz realmente caída. Cuelga tan abajo que alcanza el mentón del animal. Las hembras tienen narices respingadas, más delicadas.

Tanto machos como hembras tienen enormes vientres y sus estómagos están divididos en secciones. Esto los ayuda a digerir alimentos fibrosos, como las hojas del **mangle**.

Klum detecta a una criatura realmente extraña que está parada cerca del agua. Mastica medusas y cangrejos muertos. Largos mechones de pelo alambrado crecen en su cara. Se trata de una hembra del cerdo pigmeo de Borneo. "¡Es difícil superar esto!", piensa Klum.

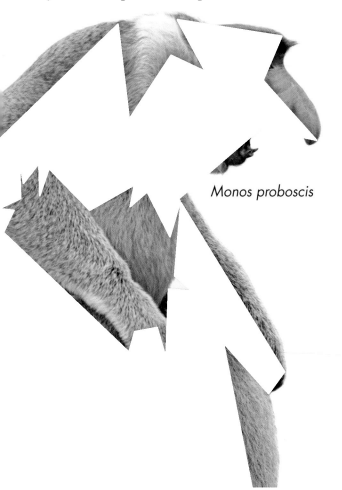

Monos proboscis

Lagarto volador

Cosas que vuelan

Otro día, Klum trepa 46 metros (150 pies) por un árbol de la selva tropical. Se sienta cuidadosamente en una rama. Una carpa de redes y lonas lo ayuda a camuflarse. Desde esta posición privilegiada, detecta a juguetones orangutanes y coloridos pájaros.

También vuelan por lo alto de los árboles mamíferos, ranas, serpientes y lagartos. Borneo es el hogar de más de treinta clases de animales planeadores. Eso es más que en cualquier otro lugar de la Tierra. Una vez, ¡un lagarto dragón volador aterrizó sobre la cabeza de Klum!

Si tiene suerte, logrará divisar a una serpiente del árbol paraíso. Esta serpiente puede viajar veinte metros (sesenta pies) en el aire de árbol en árbol. Se arroja desde una rama y luego achata su cuerpo. Parece un búmeran. "Repta por el aire", dice Klum.

Otra criatura voladora parece una cometa fabricada con una bolsa de papel marrón. Es el colugo. Los colgajos ondulantes de piel se estiran desde la mandíbula hasta los dedos de los pies y la punta de la cola. La piel funciona como un paracaídas, manteniendo al colugo en el aire. Este mamífero se llama "lémur volador", aunque, realmente, no es para nada un lémur.

La selva tropical de Borneo también es el hogar de animales voladores más tradicionales. Klum espía pájaros de todos los colores que revolotean entre los árboles. El diminuto trogón de Whitehead es como una salpicadura de escarlata y azul contra las hojas verdes.

En un viaje, Klum se sienta en un árbol y espera y espera. Tres horas más tarde, logra obtener la foto deseada. Un ave del tamaño de un pavo aterriza y arranca un higo maduro. Es un cálao rinoceronte, con una protuberancia roja y amarilla, parecida a un cuerno, que sobresale de su pico.

Viajeros de los árboles
Los orangutanes viajan por los árboles.

Ataque sorpresa *Lista para atacar a su presa, la víbora de la fosa de Wagler se enrosca sobre las ramas.*

Bosques en desaparición

El Borneo salvaje que aparece en las fotografías de Klum es el lugar del que se enamoró hace veinte años. Este paraíso aún existe, pero Borneo está cambiando.

Cuando Klum regresa a Borneo ahora y mira a través del lente de su cámara, lo que lo entristece es aquello que ya no ve. ¿Dónde están todos los árboles? Los bosques de Borneo están desapareciendo.

Klum toma fotografías de topadoras y campos desnudos. Toma fotografías de troncos gigantes que flotan río abajo por aguas enlodadas. Estas fotografías nuevas describen una parte distinta de la historia de Borneo.

Los leñadores talan árboles para fabricar muebles, papel y más. Los mineros derriban árboles para excavar en búsqueda de oro, carbón y minerales valiosos.

Los agricultores queman las selvas tropicales para plantar hileras de palmeras de aceite. El aceite de los árboles frutales se usa en galletitas y papas fritas. También está en los jabones y el combustible. Quienes lo cultivan lo llaman "oro verde", porque ganan mucho dinero vendiéndolo.

El problema de la **deforestación** comenzó antes de que Klum llegara a Borneo, pero se ha tornado mucho peor en los últimos veinte años.

Animales en peligro

Hoy en día solo queda la mitad de los bosques de Borneo. Como resultado, muchas de las plantas y los animales de Borneo están en peligro. El mono proboscis está en problemas. También lo están el cálao rinoceronte y el orangután. Cada uno de ellos tiene menos lugares seguros donde vivir.

Gibón

Para Klum es difícil encontrar a ciertos animales. En viajes anteriores se levantaba cada mañana con el parloteo de los gibones fuera de su campamento. Ahora las mañanas son silenciosas.

Salvando a Borneo

No obstante, hay esperanza para el futuro. Muchas personas trabajan duro para salvar a Borneo y a su increíble vida silvestre. Un gran plan se llama "El corazón de Borneo". Es un acuerdo entre tres países de Borneo: Indonesia, Malasia y Brunei. Permitiría **conservar** casi un tercio de la isla.

Los leñadores podrán llevarse algunos pero no todos los árboles de esta región. Vastas secciones quedarían protegidas, para que no fueran convertidas en plantaciones de palmeras de aceite. Esto puede ayudar a proteger a las plantas y los animales de la región.

Klum se dirigirá nuevamente a Borneo dentro de poco. ¿Qué criaturas encontrará esta vez? No lo sabe.

Buscará al orangután, que cada vez es más difícil de encontrar. Quizá termine fotografiando a una serpiente pitón adulta gigante, la serpiente más larga del mundo.

Espera que las caras de los animales hagan que la gente se preocupe por Borneo. Sus fotografías seguirán relatando la historia del presente de Borneo y, ojalá, la de su futuro.

VOCABULARIO

biodiverso: que tiene un gran número de especies de animales y plantas

conservar: impedir que algo se malgaste o se pierda

deforestación: eliminación de todos los árboles.

mangle: árbol que crece en regiones pantanosas y costeras

Madera deseada *Los leñadores talan árboles en la selva tropical de Borneo. La madera se usa para muebles, casas e, incluso, palillos de madera.*

Un bosque que se reduce *Grandes secciones de la selva tropical han sido taladas para dejar espacio a las plantaciones de palmeras de aceite y a los caminos.*

LOS tesoros de Borneo

Más de 16.000 clases distintas de animales y plantas viven en Borneo. ¿Qué hace de esta isla el lugar perfecto para tantas especies?
De misteriosos manglares a elevadas selvas tropicales, Borneo tiene una diversidad de hábitats. Muchos están en
El corazón de Borneo (destacado en negro). Conoce la vida salvaje de Borneo.

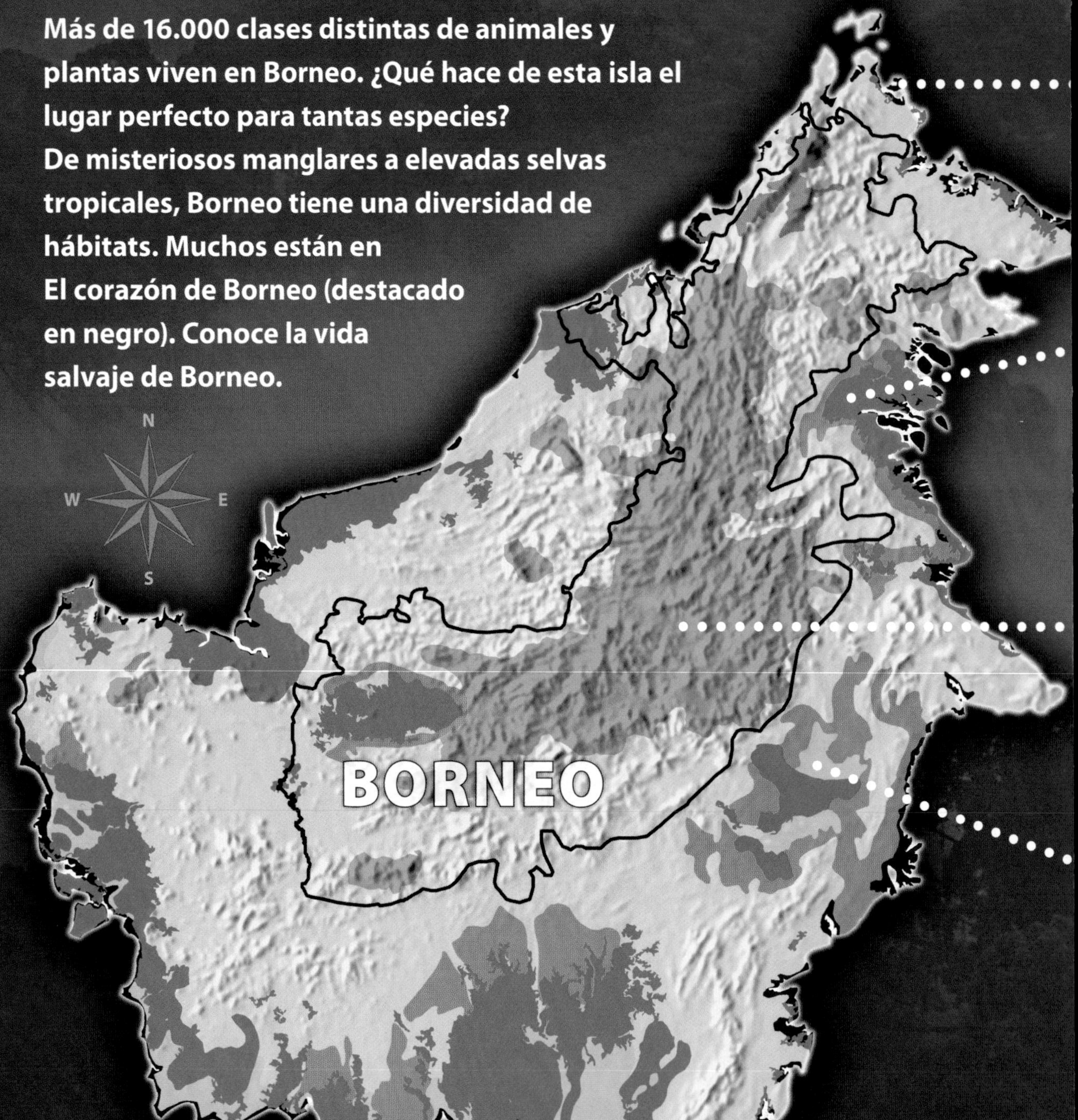

N
W   E
S

BORNEO

REFERENCIAS DEL MAPA

- ⬤ El manglar
- ⬤ Bosque pantanoso de turba
- ⬤ Selva tropical de montaña
- ⬤ Bosque pantanoso de agua dulce

- ⬤ Selva tropical de tierras bajas
- ⬤ Pradera montañosa alpina
- ⬤ Bosque cálido

El manglar

Durante el día, la víbora de la fosa de Wagler suele yacer enrollada e inmóvil en las ramas de los mangles. A la noche, estas serpientes venenosas salen de caza. Las fosas de sus mejillas perciben el calor, lo que ayuda a estas víboras a encontrar a sus presas.

Víbora de la fosa de Wagler

Bosque pantanoso de turba

Los orangutanes viven en los bosques pantanosos de turba y en otros hábitats de tierras bajas. Estos primates se aferran a las ramas con sus fuertes manos y pies mientras se balancean de un árbol a otro. ¡Incluso se cuelgan cabeza abajo con los pies! Cada noche, construyen nidos para dormir en los árboles.

Orangutanes

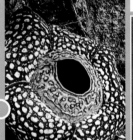

Selva tropical de montaña

Algunas de las flores más grandes del mundo crecen en la selva tropical de las montañas de Borneo. Las rafflesias huelen y parecen carne podrida. El olor atrae a las moscas que las polinizan, para que puedan producir flores nuevas.

Rafflesia

Bosque pantanoso de agua dulce

Los monos plateados son arbóreos o viven en árboles. Bandadas de alrededor de diez a cincuenta monos viven en los árboles que crecen en los hábitats costeros, como los pantanos de agua dulce. Los bebés tienen la piel anaranjada. La piel se torna plateada cuando los bebés cumplen cinco meses.

Monos plateados

Selva tropical de tierras bajas

El cálao rinoceronte es el cálao más grande de Borneo. Se alimenta de los higos que crecen en los árboles de la selva tropical de tierras bajas.
La hembra anida en un árbol hueco. Se mete adentro del árbol para poner huevos y construye una pared para bloquear la entrada. El macho la alimenta a través de un diminuto orificio en la pared hasta que las crías rompen el cascarón.

Cálao rinoceronte

El llamado de la selva

¿Escuchas el llamado de la vida salvaje de Borneo? Responde estas preguntas y descúbrelo.

1 ¿Por qué a Mattias Klum le apasiona tanto fotografiar la vida silvestre de Borneo?

2 ¿Qué hace posible que tantas clases distintas de plantas y animales vivan en Borneo?

3 ¿Qué necesita la gente de Borneo? ¿Qué sucede por este motivo?

4 ¿Por qué ahora es difícil para Klum encontrar ciertos animales?

5 ¿Acerca de qué planta o animal de Borneo te gustaría saber más? ¿Por qué?